# LETTRE PASTORALE

ET

## MANDEMENT DE MONSEIGNEUR L'ÉVÊQUE DE RODEZ

N° 1.

A L'OCCASION

### DE LA PRISE DE POSSESSION DE SON SIÉGE

ET DE

SON ARRIVÉE DANS LE DIOCÈSE

De la désorganisation morale des temps présents et de la nécessité de revenir aux principes chrétiens pour y porter remède.

PARIS

ADRIEN LE CLERE ET C<sup>ie</sup>

IMPRIMEURS DE N. S. PÈRE LE PAPE ET DE L'ARCHEVÊCHÉ DE PARIS

RUE CASSETTE, 29.

1871

# LETTRE PASTORALE
ET
## MANDEMENT DE MONSEIGNEUR L'ÉVÊQUE DE RODEZ
A L'OCCASION
### DE LA PRISE DE POSSESSION DE SON SIÉGE
ET DE
### SON ARRIVÉE DANS LE DIOCÈSE

Joseph-Christian-Ernest BOURRET, par la miséricorde divine et la grâce du Saint-Siége Apostolique, Évêque de Rodez,

Au Clergé et aux Fidèles de notre Diocèse, salut et bénédiction en Notre-Seigneur Jésus-Christ.

Nos très-chers frères (1),

Nous venons au milieu de vous, N. T. C. F., envoyé par le Chef suprême de l'Église, pour reprendre la houlette tombée des mains du pasteur bien-aimé que vous avez perdu, et vous enseigner comme lui la

---

(1) N. B. — Cette lettre pastorale pourra être lue en deux fois; mais le dispositif devra être lu le premier dimanche en entier.

religion du Seigneur Jésus, jusqu'au jour où, tombant nous-même dans l'arène des combats divins, un autre viendra nous relever à notre tour et continuer sur votre terre cette chaîne du sacerdoce qui ne finira qu'avec le monde et l'entrée du dernier des saints dans la cité des élus. En d'autres temps, nous aurions été heureux de l'honneur qui nous est fait, et, malgré les appréhensions que tout homme sensé doit avoir en face d'une mission aussi redoutable que celle qui nous est confiée, nous eussions salué avec joie cette illustre Église du Rouergue, à laquelle des liens si intimes vont désormais nous unir. Mais de quoi se réjouir aujourd'hui que tout autour de nous ne parle plus que malheurs et que ruines? Quels accents faire entendre en présence de ce débordement du mal qui a tout envahi, et quels sentiments ressentir devant cette désorganisation morale des temps présents, qui est devenue générale et qui semble s'aggraver tous les jours, sinon les sentiments de tristesse que le prophète des antiques désolations éprouvait, en considérant les abaissements de son peuple et les décadences de toute espèce qui avaient remplacé ses grandeurs?

Nous ne voulons pas cependant que notre ministère débute par une pensée de découragement et un cri de douleur. Confiant en des jours meilleurs et en des miséricordes plus grandes, nous ne désespérons pas de l'avenir du monde et des sociétés. Nous gardons l'espoir, en particulier, que les malheurs qui ont fondu sur la nôtre serviront à la régénérer, et que notre infortunée patrie, se prenant elle-même en pitié, sortira par un effort vigoureux de l'état où elle est tombée, de manière qu'à la plénitude du mal succède enfin la plénitude du bien et l'abondance de la justice. *Ubi abundavit delictum, superabundavit gratia* (Rom., v, 20). Aussi n'est-ce point pour nous donner le vain plaisir d'une description inutile, ou pour assombrir vos esprits, que nous commençons notre prédication parmi vous par le triste tableau des maux qui désolent l'humanité et la menacent dans tous ses intérêts à la fois. Nous avons des motifs plus hauts, et si nous venons vous parler tout d'abord des affaiblissements moraux qui caractérisent notre époque, c'est que le danger est pressant, et qu'il faut vite appliquer le remède, en se tournant vers ce christianisme qui, après avoir une première fois sauvé le monde, le sauvera encore, si l'on sait y recourir, des profondeurs de l'abîme dans lequel il semble prêt à sombrer.

## I

Quelque disposé que l'on soit, N. T. C. F., à voir les temps où nous vivons sous un aspect favorable, il n'est personne qui ne convienne que les sociétés contemporaines sont malades, la société française plus encore peut-être que celles qui l'avoisinent, et il en est même plusieurs qui pensent que la maladie est tellement grave qu'elle est à peu près sans remède et qu'elle finira par être fatale. Les nations sont troublées, comme dit l'Écriture, et les peuples penchés vers leur déclin. *Conturbatæ sunt gentes et inclinata sunt regna* (Ps. xi, 1). Un mal général semble avoir tout gagné, et, sans pousser aussi loin que d'autres le font les sinistres prévisions et la noirceur des présages, il est certain qu'il se fait depuis longtemps, dans l'Europe moderne, un travail de décomposition et d'affaissement, dont les effets se font peut-être sentir plus vivement parmi nous, mais qui n'est guère moins avancé chez les autres, ni moins alarmant dans ses conséquences.

Tout l'être moral est atteint dans l'homme et le désordre est dans toutes ses facultés. L'esprit, perdu dans une ignorance incurable et un universel scepticisme, n'a plus de principes et ne sait plus que croire ni à quoi s'arrêter. *Diminutæ sunt veritates a filiis hominum* (Ps. xi, 2). Les vérités sont en diminution chez les fils de cet âge, et il semble que nous touchions véritablement aux moments que le Christ a prévus, quand il demandait si on trouverait un jour quelque reste de foi sur la terre. Partout l'obscurité, partout le doute, partout la négation, partout la perversion de l'intelligence et le renversement de l'idée. Dieu n'est plus qu'une hypothèse, un vieux mot dont il faut se débarrasser ; sa providence n'a nul souci des créatures, et tout marche ici-bas, comme dans ces mondes qui roulent sur nos têtes, sous l'impulsion d'une force inconsciente ou d'un aveugle destin. La matière est incréée et ne forme qu'une grande énergie productrice qui tient directement d'elle-même sa force et sa fécondité. L'homme est un animal qui ne sait pas bien ce qu'il est ou ce qu'il n'est pas ; il ignore en tout cas d'où il vient et où il va, s'il a une âme immortelle ou s'il n'est qu'une combinaison éphémère d'atomes destinée à périr. Il ne pourrait dire s'il y a une cause supérieure aux effets qu'il aperçoit, ou si ces effets se confondent avec la cause. Et ainsi des autres vérités fondamentales du dogme et de la foi. La raison de l'humanité est comme un navire, sans guide et sans boussole, qui flotte au gré de tous les vents de l'erreur et de toutes les extravagances de l'imagination, sans pouvoir aboutir à la certitude, ni rien affirmer de définitif à qui la consulte et à qui l'interpelle.

Sur les principes de morale, l'esprit du siècle n'est pas plus fort. Le devoir existe-t-il, a-t-il une base d'obligation invariable? Sommes-nous liés par quelque motif supérieur envers Dieu, envers les autres, et nous devons-nous quelque soin à nous-mêmes? L'honneur, l'honnêteté, la justice, sont-ils fondés sur quelque chose qui les rendent sacrés, ou n'est-ce qu'une conception sans réalité? Y a-t-il une religion, ou n'y a-t-il que des intérêts? La vertu n'est-elle pas une chimère, la conscience une tyrannie ou une invention surannée pour intimider la faiblesse? Faut-il honorer la famille et la propriété, être fidèle en ses promesses et se garder du mensonge? Voilà toute une série de problèmes où chacun s'égare et où tout sens échoue. Sur tous ces points primordiaux rien de fixe, nulle assurance, pas de lumière. Demandez à la nuit, interrogez les ténèbres, et vous aurez tout autant.

La démoralisation du cœur n'est pas moins profonde que la démoralisation de l'esprit. Après le mal du principe illuminatif, le mal du principe affectif. Courbé vers la terre, attiré par l'attrait de la créature et ses trompeurs appas, l'homme ne sait pas plus régler sa sensibilité que gouverner sa raison, et il se précipite vers son néant d'origine avec une ardeur qu'il n'a pas pour se tenir en haut. Le souverain bien n'est pas plus aimé qu'il n'est connu et recherché. L'ambition, la cupidité, la luxure, le jeu, la vanité, la débauche, voilà ce qui le captive. Les grandes idées, les grandes choses, les nobles actions, n'ont plus la puissance de l'émouvoir. Il lui faut les joies sensibles et les matérielles satisfactions de la chair; elles seules ont le privilége de lui plaire et de remuer ses instincts. Ne lui parlez pas d'idéal, d'élévation, de dévouement, de sacrifice, il ne comprend plus ce langage; mais parlez-lui d'argent, de luxe, de bonne chère, de spectacles, de frivolités, de bien-être, de tout ce qui peut flatter ses désirs et caresser sa mollesse, là il vous répondra, et vous lui trouverez, pour se procurer ces jouissances, une persévérance et un courage qu'il ne mit jamais à la poursuite de la vertu. Toujours en quête de ce qui peut contenter ses convoitises, l'humanité se perd dans une corruption de mœurs véritablement effroyable. Assise, comme la fornicatrice du prophète, à l'entrée de tous les bosquets et au seuil de tous les lieux où l'on rit, elle offre son cœur à toutes les voix qui l'appellent et se livre à tous les séducteurs qu'elle rencontre. Le thyrse à la main et les roses sur la tête, elle s'en va à tous les festins et s'assied à tous les banquets. La soif de la volupté la dévore; il faut qu'elle goûte à tous les amours, qu'elle écoute tous les refrains de plaisir, trempe ses lèvres à toutes les coupes, se plonge dans toutes les ivresses. L'humilité, la modestie, la mortification, la tempérance, sont renvoyées comme des hôtes importuns, ou des accusateurs redoutés. Coûte que coûte, il faut jouir, il faut chanter, il faut s'amuser. Les malheurs même qui viennent fondre sur les familles n'ont pas la force d'arracher ces âmes énervées au sensualisme qui les étreint, et les deuils de la patrie ne sauraient les distraire des exigences de leurs passions et de leurs vices.

A la corruption du cœur et à l'incrédulité de l'esprit succèdent toujours l'affaiblissement de la volonté et l'immoralité des actes. Le principe actif ne peut être bon quand il est mal éclairé et affecté au rebours de ce qu'il doit être. Or, en ceci, le progrès de la désorganisation est au comble et il serait difficile de le porter plus loin. Où est aujourd'hui l'honnêteté? où se trouve l'accomplissement du devoir ? Nulle part, peut-on répondre avec le royal prophète : ils ont tous dévié, ils sont tous devenus inutiles pour les œuvres du bien et de la justice. *Omnes declinaverunt, simul inutiles facti sunt* (Ps. xii, 3). La jeunesse est sans innocence, l'âge mûr sans foi, la vieillesse sans repentir. On ne voit de tout côté que les artisans du mal et les opérateurs de l'iniquité. Dieu méconnu et point aimé ne pouvait s'attendre à être servi et à être honoré ; aussi ne l'est-il pas, et le nombre de ceux qui l'offensent va-t-il croissant tous les jours. Plus de prière, plus d'assistance aux offices du culte, plus de sanctification du jour qu'il s'était réservé. Une impiété féroce et une haine stupide blasphèment jour et nuit son incommunicable nom, et il en est même qui vont jusqu'à essayer de détruire les pierres qu'il avait consacrées pour établir sa demeure. Un déchaînement formidable d'ambitions et de sophismes s'est élevé contre son Église et le chef intrépide qui la conduit avec un indomptable courage. On ne veut plus de religion, ni rien adorer que soi-même. La présence de Dieu est importune ; elle trouble les joies de l'humanité qui veut vivre à son aise. Ses commandements et ses lois sont une barrière qui gêne trop les passions, et son souvenir est déplaisant pour des consciences qui veulent être libres et qui n'ont plus que faire de ses craintes et de ses remords.

Dans les autres divisions du décalogue et de la morale, le devoir n'est pas mieux rempli ni la vie plus réglée. Au dedans, le foyer est sans honneur, le mariage sans sainteté, les enfants sans révérence ; sans compter que la famille, qui devait donner des serviteurs à l'Église et à la patrie, se perd et se corrompt dans une stérilité volontaire qui l'affaiblit au physique comme elle la flétrit devant Dieu. La propriété n'est pas moins avilie. Sous le coup de menaces permanentes et d'une vaste expropriation sociale, elle est violée et attaquée par toute sorte de moyens qui la démolissent par parcelles, jusqu'à ce qu'elle soit ruinée tout à fait. Le vol, la rapine, l'usure, la fraude, les spéculations savantes ou les dépouillements éhontés sont passés en usage dans les contrats, les affaires et les opérations de trafic. La probité n'est plus qu'un vain mot, dont on se moque comme d'un scrupule sans fondement ; l'intérêt domine tout, décide tout, préside à toutes les déterminations et à tous les actes. Il n'est pas jusqu'à la charité elle-même qui n'ait été détournée de sa voie. Le principe de solidarité et d'association, qui aurait dû servir à soulager le pauvre et à secourir l'ouvrier laborieux, n'est plus, dans beaucoup de cas, qu'une odieuse déclamation contre ceux qui possèdent, et ne sert qu'à organiser la fraternité du vice, à solder la rébellion ou à soutenir la paresse.

Et que dire du respect de l'autorité et de l'obéissance ? Hélas ! qui ne sait que le pouvoir, sous quelque forme qu'il se présente, n'est plus actuellement supporté. On ne veut plus de la souveraineté de Dieu, plus de la direction du sacerdoce, plus du gouvernement politique, plus de la domination du patron et du père, plus de supériorité d'aucune espèce ni de suprématie d'aucun genre. Tout ce qui a droit au commandement et à la déférence est rejeté, nié, méprisé ; chacun veut être lui-même son maître, ne croire qu'en lui, n'obéir qu'à lui, ne se soumettre qu'à ses volontés et à ses caprices. Le désordre, le trouble, l'anarchie, ont tout désagrégé et tout bouleversé. La révolution s'est établie en permanence sur le sol agité du vieux monde. Les peuples ne sont plus occupés qu'à faire ou à défaire leurs constitutions et leurs chartes, et leur vie se passe dans d'interminables changements de régimes, où l'on voit s'écouler, sous la passion du moment, l'ordre de choses que l'on avait la veille acclamé. Rien ne tient, rien ne dure, tout est successivement renversé. Un immense esprit d'insubordination et d'indiscipline s'est emparé de toutes les têtes et a ravagé tous les cœurs. L'indépendance est la grande idole du moment, et, avec ce mot mal compris et mal interprété, on se croit le droit de confondre tous les degrés de la hiérarchie et de repousser les distinctions nécessaires que la nature a créées. On ne peut plus même vivre en paix entre frères. Pendant que les nations, égarées par l'orgueil et le vain désir de conquêtes, se précipitent dans des guerres impies, les fils de la même mère s'égorgent entre eux, dans des factions sacriléges, et détruisent les monuments qui attestaient la gloire de leurs pères, et qui n'attesteront plus que leurs crimes aux générations de l'avenir effrayées.

D'un autre côté, l'affaiblissement des caractères en est venu à ce point qu'on ne trouve plus d'énergie pour la protection et pour la défense. Chacun se retire chez soi et se retranche derrière le soin de ses affaires ou les préoccupations de ses plaisirs. Plus de générosité, plus de dévouement. Ce beau feu que l'on voyait autrefois, cet esprit d'élan et de sacrifice qui engendrait les grandes résolutions et les nobles actes, semble s'éteindre au milieu des peuples vieillis. Un appauvrissement de volonté que rien ne peut assainir, un défaut de vigueur qu'aucun idéal si élevé qu'il soit ne peut vaincre, une légèreté de convictions que rien ne peut corriger, voilà l'état de la plupart de ceux qui d'ailleurs passent pour bons et vertueux. A la mâle vigueur des temps antiques a succédé une indolence, une apathie que le sentiment même du propre danger ne peut toujours réveiller. A cette ardeur généreuse de nos aïeux qui s'enflammait si facilement au seul mot de devoir, à cette fidélité à Dieu et au drapeau qui précipitait à la mort pour l'intégrité de la foi et du sol national, a fait place je ne sais quel esprit d'indifférence et de cosmopolitisme qui n'a goût à rien, qui ne prise rien, qui se désintéresse de tout ce qui n'est pas personnel ; tellement, qu'au jour du péril, l'homme du salut est en vain invoqué, et que l'ennemi peut impunément fouler la patrie, ou les séditieux la troubler, sans que ni l'un ni l'autre rencontrent la sagesse du conseil qui eût dû les éloigner ou la vaillance de l'épée qui aurait dû les châtier.

Et qu'on ne dise pas que ce n'est que dans les grandes villes ou dans les grandes agglomérations du travail et de l'industrie que se trouve le mal. Hélas! il est répandu partout, et partout il a franchi tout obstacle et rompu toute digue. Sans doute les grandes cités sont les plus corrompues, et dans les Babylones modernes l'iniquité est montée plus haut que dans les lieux de moindre importance et de plus médiocre étendue. Néanmoins la dissolution est considérable partout, et la contagion s'est répandue jusque dans les villages et les plus modestes hameaux. Demandez à ceux qui les hantent ce que sont devenues la foi antique, les mœurs simples, la justice, la pureté, l'obéissance. Ils vous répondront que l'homme des champs est presque aussi dépravé aujourd'hui que celui des villes, aussi peu religieux, aussi jaloux, aussi ami du plaisir, aussi peu respectueux des droits d'autrui que fidèle à ses propres devoirs, qu'il a les mêmes vices et les mêmes défauts, avec le poli de l'éducation de moins et la grossièreté des habitudes de plus. Vous-mêmes, N. T. C. F., malgré la sévérité des principes qui vous ont été légués par vos pères, malgré les barrières qu'opposent aux nouveautés votre austère manière de vivre et la configuration géographique de votre pays, ne vous sentez-vous pas pénétrés de ce venin général qui a tout gâté, et ne vous êtes-vous pas souvent élevés contre l'invasion de cet esprit moderne auquel vous aviez pu jusqu'ici échapper? Ah! nous le savons, les zélés pasteurs qui vous dirigent gémissent sur l'affaiblissement de la foi et l'altération des mœurs dans les générations qui prennent la place de celles qui faisaient leur consolation autrefois. Si la docilité du grand nombre console encore leur ministère, beaucoup sont déjà sourds à leur voix; si les brebis fidèles sont la majorité du troupeau, plus d'une hélas! s'égare loin du bercail et devient la proie du loup ravisseur qui tourne autour pour le dévorer.

Tel est le triste tableau de la désorganisation morale des temps présents. A quelles causes faut-il rapporter cet état de décadence et cette triple maladie de l'esprit, du cœur et de la volonté? Il serait difficile d'en préciser le nombre et de fixer au juste la part d'influence qui revient à chacune. Au premier rang, il faut mettre sans doute ces causes intrinsèques et inhérentes à notre nature déchue, dont nous recueillons à notre naissance le funeste héritage : l'ignorance, l'orgueil, la concupiscence, cette inclination à mal faire qui nous vient de la transgression originelle du premier père et qu'une longue habitude n'a fait qu'aggraver dans sa descendance. Il y a là évidemment, comme dit l'enseignement de l'Église, une source de corruption, un foyer de malignité dont il faut tenir compte, et auquel il faut attribuer une bonne partie des effets que nous déplorons.

Mais à côté de ces causes que nous trouvons tous en nous et qui sont le triste apanage de l'humanité, il en est d'autres qui paraissent plus particulières à notre siècle et qui lui sont en quelque sorte spéciales. Parmi ces dernières, que nous appellerons extrinsèques, il faut mettre en première ligne cette presse sans frein et sans mesure qui porte tous les jours le poison de l'impiété et des fausses doctrines jusqu'aux recoins du monde les plus éloignés, ce journalisme ami du scandale, ces romans, ces livres, ces écrits, ces théories matérialistes ou soi-disant rationnelles, dans lesquels Dieu est trop souvent insulté et les plus saintes choses données en pâture aux grossiers appétits de la foule. Il faut y joindre aussi ces réunions, ces théâtres, ces rendez-vous du plaisir, où tant d'excitations sont préparées avec art, sans oublier ces images et ces gravures obscènes qui semblent vouloir provoquer au mal ceux-là même qui paraissaient ne point y penser. Il faut également faire entrer pour beaucoup, dans les causes extérieures de cette dépravation générale, ce luxe effroyable qui, pour se soutenir, a besoin de vendre l'héritage de ses aïeux et sa propre vertu ; cet amour du lucre qui jette sans pudeur dans les spéculations les plus condamnables ; cette âpreté du gain qui n'a souci ni de l'âge, ni du sexe, ni du repos nécessaire à la réparation des forces physiques, et qui va jusqu'à trafiquer de l'honneur des peuples et du sang de ses frères; cette vénalité des caractères qui met la plupart des hommes au service de quiconque veut les payer, et cet abaissement des cœurs qui conduit à toutes les lâchetés et à toutes les hontes. Tout cela certainement réagit fortement sur nos mœurs et les entraîne vers la pente fatale de la dissolution et de la déchéance. Ajoutez à ces causes la jalousie des pouvoirs, qui font la guerre à Dieu et à son Église, par leurs armes, par leurs lois, par leurs exemples ; la mollesse de l'éducation, qui ne sait plus former des âmes viriles ; les habitudes d'une civilisation énervante, les séductions d'un bien-être raffiné, et vous aurez la nomenclature des principaux auxiliaires de ce travail de dépérissement et de mort dont nous venons d'esquisser la désolante peinture.

Cependant l'homme ne peut longtemps vivre dans un pareil état, sans s'exposer aux plus graves dommages. Il n'atteint point ainsi la fin naturelle ni la fin surnaturelle pour laquelle il a été fait, et n'atteignant point cette double fin, il n'obtient point la perfection de son être, ni le bonheur qui en est la suite et la récompense. Cette vie d'incrédulité, d'infraction perpétuelle de la morale et des obligations qui en découlent, est une vie de péché, l'offense de Dieu, le mépris de sa loi et de sa justice, et il n'est pas possible que celui qui la mène puisse ainsi réaliser le but de sa création, c'est-a-dire procurer la gloire de son auteur et être lui-même heureux, par voie de conséquence, de la fidélité qu'il aura mise à se tourner vers lui. Aussi ne trouve-t-il point ce bonheur et cette félicité qu'il cherche avec une ardeur si inquiète dans le matérialisme où il s'est plongé. Comme ce roi des fables antiques qui voyait disparaître les mets qui s'offraient à sa bouche affamée aussitôt qu'il voulait les saisir, l'humanité moderne voit s'évanouir les fausses jouissances qu'elle croyait avoir amassées, sitôt qu'elle veut y toucher. Minée par je ne sais quel marasme, elle s'ennuie au milieu même de la vie qu'elle s'est créée; elle est la victime de ses doutes et de sa corruption; elle trouve au travers de son ambition, de ses voluptés et de son orgueil, la vengeance de Dieu qui n'abandonne jamais les droits de sa majesté outragée, et sa peine est souvent dans sa satiété même. Au fond, ses joies sont peu nombreuses et ses chants ne durent pas de longs jours. Usé par les propres moyens dont il se sert pour exciter ses passions, l'homme de plaisir dépérit peu à peu, et il finit souvent par tomber dans une sorte de consomption physique et morale qui rend inutile ce faux édifice de bonheur qu'il avait si péniblement élevé. Quelquefois même, pris d'un insurmontable dégoût, il termine par le suicide une existence qu'il n'a su ni régler ni embellir d'aucune véritable beauté.

Il en est de même pour les sociétés. Les révolutions, les sophismes, les négations, les amusements, l'égoïsme, ne leur ont point donné la grandeur ni la vitalité. Toutes ces causes de dissolution, dont nous venons de parler, les ont au contraire rabaissées dans leur niveau moral à un degré qu'il serait difficile de dire, et, au moment présent, l'avenir de plusieurs est peut-être sérieusement en danger. On ne joue pas impunément avec la révolte et le renversement des pouvoirs, sans préjudice pour la vie, la fortune, les intérêts de toute espèce des citoyens. Toutes ces attaques contre la propriété, la famille, l'ordre public et l'ordre privé amènent des convulsions et des crises qui troublent l'économie domestique et ébranlent toutes les forces sociales. Ces guerres impies que se font les nations versent un sang généreux qui était nécessaire à la fécondité de la terre et à la régénération des races. Ces rébellions sacriléges, où les frères s'entre-tuent, menacent de tout abîmer dans un effrayant cataclysme, et la fureur des factions finira par tout bouleverser et par tout saccager. La fuite elle-même ne préservera pas. A force de se retrancher dans sa quiétude et dans l'amour de soi-même, on abandonnera le monde aux plus audacieux et aux plus corrompus. On croira être sage en laissant couler le torrent, mais le torrent grossira peu à peu, et il emportera, avec ceux qui l'ont déchaîné, ceux qui, retirés à l'écart, avaient espéré pouvoir s'y soustraire. Que l'on ne s'y trompe pas, encore quelques années de ce travail de démoralisation et de ruines, auquel le monde assiste avec une impassibilité qui ne témoigne que trop de sa caducité et de son impuissance, et l'heure des derniers effondrements pourrait bien avoir sonné pour plusieurs des peuples actuels, et Dieu veuille que ce ne soit point pour le nôtre! La vie pourrait bien s'arrêter là où elle fut le plus abondante; le flambeau pourrait bien s'éteindre là où il fut le plus rayonnant, et la nation qui aurait dû commander aux autres tendre les mains pour la servitude. Un pays qui ne croit à rien et qui n'a plus de mœurs doit périr, et l'histoire est là pour nous apprendre que cette cause de mort ne manqua jamais son effet.

## II

Le mal qui nous afflige étant connu et n'étant que trop constaté, il s'agit de trouver le remède qui peut le guérir et de l'appliquer. Ce remède, beaucoup croient le posséder et le proposent avec confiance à la société aux abois. Les empiriques ne manquent pas, non plus que les charlatans. Chacun a sa formule et chacun sa recette. Pour beaucoup, la guérison tient au changement des institutions politiques et à l'inauguration de principes nouveaux. Quand les peuples auront adopté telle forme de gouvernement et répudié telle autre, quand on se sera donné partout des constitutions, où le libéralisme négateur de Dieu et de son Église aura introduit, encore plus qu'il n'existe, le relâchement dans les droits et les nécessités du pouvoir, alors tout se relèvera, tout se refera et nous dépasserons les splendeurs du passé. D'autres veulent, pour nous ramener à cette santé que l'humanité n'a plus et rétablir ses affaires, une refonte de nos habitudes et de nos usages beaucoup trop arriérés. Il faut faire le partage des biens, exproprier le capital, briser les liens odieux du mariage, séculariser l'instruction, armer tout le monde, et surtout chasser Dieu de son temple et ses ministres de la cité. Alors véritablement on verra les nations grandes et prospères, leurs plaies seront pansées, et l'ordre, la moralité, le bien-être régneront partout où ils n'avaient pu pénétrer. Il en est même qui, plus simples et plus naïfs, se contentent de proposer, pour cicatriser de si graves blessures et renouveler une constitution si profondément altérée, des procédés mécaniques ou industriels, des méthodes d'élevage ou d'exploitation, des améliorations de voirie, la création de banques ou de syndicats, l'adoption de quelque système d'agriculture ou la vulgarisation de quelque appareil scientifique. Insensés, qui veulent soulever les montagnes avec un roseau, et produire la vie avec des principes de mort, ou tout au moins d'une manifeste impuissance !

Hélas ! nous les avons vus ces rénovateurs de l'avenir et ces rédempteurs des peuples. En ces temps, où toute sagesse est troublée, et où les plus extravagants et les plus coupables ont l'honneur d'être écoutés de la foule et de mériter ses faveurs, l'expérience de toutes ces choses a été faite plus d'une fois. On les a changées, certes, les institutions politiques dans cette pauvre Europe, où la révolution est devenue comme l'état régulier. On en a fait assez de ces tentatives administratives et économiques qui devaient tout remettre à neuf et tout restaurer. Les associations humanitaires, industrielles et financières ont pu se montrer partout, en toute liberté et même en toute licence ; les réunions, les clubs, les grèves, les coalitions, les solidarités, les complots, les conspirations, rien n'a manqué, tout a été organisé ; on a pu voir fonctionner tout cela sous la forme publique, secrète, nationale et internationale ; on a fait tous les essais de réforme possibles, on a expérimenté toutes les méthodes, appliqué tous les procédés, donné vogue à tous les systèmes d'éducation, de culture, de plantation, de viabilité, de commerce, de mécanique, d'industrie et de métallurgie ; la sagesse humaine s'est remuée en tous ses sens, elle a surmené ses forces et multiplié ses agents, et à quoi a-t-on abouti ? Les luttes de nation à nation ont dépassé tout ce que l'histoire avait jusqu'ici raconté ; les factions populaires sont devenues de plus en plus nombreuses et plus effrayantes, la misère a augmenté, les haines se sont accrues, les plaies morales se sont envenimées, et les sociétés, au lieu de se relever, ont continué leur progression descendante et penché de plus en plus vers leur ruine. *Curavimus Babylonem et non est sanata.* (Jer. LI,9.) Nous avons fait subir tous nos traitements à Babylone et elle n'est pas guérie, ont pu dire tous ces expérimentateurs qui lui promettaient le salut ; nous lui avons appliqué tout ce que nous possédions et tout ce que nous connaissions, et elle est restée rebelle à nos soins et à notre science.

Ah ! c'est que, comme nous venons de le dire, tous ces remèdes sont insuffisants et inefficaces. En effet, pour peu qu'on observe leur nature et leur caractère, on verra qu'ils sont simplement matériels ou les produits de la raison pure. Or, les premiers manquent évidemment de proportion avec un mal dont le principe est moral, et ils ne sauraient par conséquent le détruire. Que voulez-vous que fassent aux terribles égarements de l'esprit et à l'affadissement des cœurs et des volontés, de belles routes, de belles usines, des procédés ingénieux de travail, de locomotion et de mécanique? Rien autre chose que courber un peu plus l'humanité vers la terre et la rendre de plus en plus dépendante de la matière, dont elle devient par toutes ces inventions la servante beaucoup plus que la souveraine et la directrice. Les moyens purement rationnels ne peuvent amener de meilleurs résultats. Ils manquent aussi de proportion avec la grandeur du mal, de dédommagement pour les sacrifices qu'il faudrait faire et de sanctions assez énergiques pour maintenir les passions et les maîtriser. Croyez-vous qu'avec une morale vague, comme celle de nos modernes philosophes et des modernes éducateurs de la foule, on arrêtera des déportements tels que ceux que nous avons sous les yeux, et que vous réprimerez des convoitises auxquelles rien ne peut résister, avec des phrases creuses, des mots sonores, des appels à l'idéal, une affirmation mal définie du devoir et l'évocation de je ne sais quel sentiment de démocratique enthousiasme? Non, non, on ne retient pas ainsi des esprits qui ont élevé leur orgueil jusqu'aux nues, des appétits dont les ardeurs sont insatiables, et on n'enlève pas avec des attraits si légers des volontés dont rien ne peut échauffer la froideur. Qu'avez-vous d'ailleurs à leur offrir, à tous ces hommes épris d'eux-mêmes et sous le coup de toutes les exigences et de tous les frémissements de la chair, en échange du frein que vous leur demandez de s'imposer? Qu'avez-vous à leur faire espérer, ou du moins à leur faire craindre? Rien absolument : vous les trompez avec les promesses d'un bien-être sensible que vous ne pouvez leur donner; vous les attirez avec l'appât de jouissances que vous ne pouvez finalement leur servir; mais bientôt ils s'aperçoivent que vous les avez trompés, et ils se retournent contre vous avec la même violence qu'ils avaient mise à vous suivre. Vous voulez alors leur opposer la force, mais ils brisent la force et ils passent. Et vous n'avez rien à dire. Vous leur avez appris qu'il n'y avait pas de Dieu, que la conscience était un vain mot et qu'il ne restait d'autre perspective que le néant par delà les frontières du temps ; ils veulent le présent, puisqu'il n'y a pas d'avenir ; ils veulent leur part de votre festin, puisque vous leur avez dit que celui du Père qui est aux cieux est une chimère. O sages, ô politiques, ô législateurs qui voulez réparer l'humanité avec les ressources de votre propre fonds, laissez, laissez passer les démolisseurs de cités, les assassins, les incendiaires, ce sont les grands logiciens de notre époque, ce sont les vulgarisateurs de vos doctrines, les praticiens de vos théories; laissez passer leurs instruments homicides, leurs torches, leurs chariots de pillage et leurs engins d'explosion, ce sont là vos perfectionnements et vos découvertes !

Les moyens que la sagesse humaine propose ne sont pas suffisants. Que dis-je? ils ne sont pas suffisants! la plupart sont mauvais et de nature à empirer la gangrène qui nous ronge et le mal qui nous extermine. Qu'on les étudie encore de près, et l'on verra que beaucoup de ces remèdes sont l'offense directe de Dieu et de la morale, des formes déguisées de la corruption, ou la violation flagrante de la justice. Que veut-on que produise leur application? que peuvent pour réformer la superbe, l'avarice, la sensualité, l'envie, l'impiété, et tout ce hideux cortége de vices qui nous couvrent et qui nous décomposent, ces inventions de la cupidité, ces enseignements négateurs, ce doctrinalisme vénal, ces feuilletons, ces romans, ces lectures abjectes qui s'en prennent sans cesse à la foi et à la règle des mœurs ? Rien autre évidemment que de fournir de nouveaux aliments à l'incendie qui nous dévore, et d'ajouter de nouvelles ardeurs à la fièvre qui nous consume. *Non potest arbor mala bonos fructus facere* (MATTH., VII, 18). Un mauvais arbre ne peut porter de bons fruits. Aussi ne guérissent-ils rien, ces médecins et ces empiriques. Comme il est écrit, au livre des Machabées, de ces hommes aventureux qui se présentaient sans mission pour délivrer Israël et rétablir son crédit, ils ne sont pas de la race vigoureuse de ceux qui sauvent, et le malade sort de leurs mains avec un tempérament plus affaibli et de nouveaux germes de destruction. *Ipsi autem non erant de semine virorum illorum, per quos salus facta est in Israël* (Mach. 1, 62).

Impuissance ou connivence avec le mal, tel est donc le résumé des efforts qu'a pu faire le matérialisme moderne joint au positivisme pour remettre le monde sur pied et lui redonner une vigueur qui diminue tous les jours. Y a-t-il mieux à faire? faut-il appeler d'autres médecins, et existe-t-il quelque part un baume assez efficace pour adoucir des plaies aussi profondes que celles dont nous souffrons? Oui, il y a mieux à faire, oui, il faut appeler d'autres médecins et courir sur la montagne de Galaad chercher le baume vrai du salut. Il faut avoir recours au christianisme, à ce christianisme dont on ne veut plus et que l'on proscrit, car lui seul aura la vertu de tout guérir et de tout transformer.

### III

Par la pratique chrétienne, N. T. C. F., vous restaurerez en effet toutes choses, et vous remettrez dans leur santé morale les facultés humaines qui se sont perverties : *Et ea quæ corruerant instaurabo* (Am. ix, 11). L'esprit retenu etarrêté par la grande dogmatique de l'Evangile ne se répandra plus en mille doutes et en mille hypothèses; des indications précises le guideront dans ses pensées, ses affections et ses actes, et on ne le verra plus errer à l'aventure de sophismes en sophismes, de négations en négations, de systèmes en systèmes, et tout remontera en haut, sous cette action bienfaisante, comme tout était descendu en bas sous l'influence contraire. L'homme, fixé sur sa fin et sur sa destinée, saura parfaitement pourquoi il est sur la terre, qui a fait cette terre aussi bien que les cieux et tout ce qu'ils contiennent; il connaîtra la loi de vérité et la loi de justice ; il saura que Dieu domine tout et se trouve partout, qu'il faut le prier, l'aimer et le servir; qu'il faut traiter autrui comme nous voudrions être traités nous-mêmes, respecter ce qui lui appartient, son foyer, sa famille, son travail et le fruit de ses peines; il verra dans le pouvoir une lieutenance divine pour le conduire au bien, dans l'obéissance un devoir qui l'honore et ne l'asservit point. La patrie lui apparaîtra comme la famille agrandie, une sorte d'autel et de champ sacré qu'il faut affectionner et défendre jusqu'à la dernière forme du sacrifice; il aura des principes enfin, et il trouvera dans ces principes une direction pour son intelligence qui le satisfera et lui procurera le repos. Sans doute tout ne sera pas d'une clarté évidente et d'un rayonnement parfait; il y aura des ombres et des solutions qui ne sont pas sans mystère. Il ne faut pas oublier que nous ne pouvons voir ici-bas que par la foi et à travers l'énigme. La plénitude de la vision ne nous sera donnée que dans le sein de Dieu. Néanmoins il y aura, sur tous les points qu'il importe à l'homme de connaître, assez de lumière pour qu'il soit suffisamment éclairé, peut-être même assez d'irradiations pour qu'il en soit quelquefois ébloui.

Avec l'esprit, le christianisme renouvellera le cœur et corrigera les déviations du principe affectif. Sous l'action sanctifiante de la grâce, de ses sacrements et de ses prières, les inclinations terrestres s'affaibliront et les exigences de la partie inférieure deviendront moins violentes. L'oubli de Dieu, la soif désordonnée des richesses, le luxe, la vanité, le besoin de paraître, l'amour de soi-même et des créatures, se changeront dans les vertus contraires, et une sève de pureté, que l'homme ne connaissait pas, fera circuler dans ses veines d'autres entraînements et d'autres désirs. Alors les grandes choses seront aimées; cette réfrénation des sens que l'on redoutait et que l'on fuyait sera acceptée; la vie austère, réglée, disciplinée, ne sera plus une épouvante; on se portera à la mortification, aux jeûnes, aux pénitences, avec plus d'ardeur peut-être qu'on ne se portait autrefois aux plaisirs et à la volupté. Le cœur se retrempera dans les eaux pures de la mystique chrétienne, comme la dogmatique évangélique a fixé la raison, et il se sentira pour le bien le goût qu'il se sentait jusque-là pour le mal.

Tout autant que l'esprit et le cœur, la volonté trouvera dans le christianisme sa force et sa rénovation. Fortifié par la même action bienfaisante qui a éclairé l'intelligence et purifié l'affection, le principe actif se mettra en mesure de réaliser les conceptions de l'un et les penchants de l'autre, et alors on verra les grands actes comme on a vu les grandes illuminations et les grands amours. Sous l'empire de cette impulsion particulière que donnent une foi vive et des sentiments élevés, l'homme se portera de lui-même et avec allégresse au dévouement, à l'abnégation, au sacrifice ; son énergie le reprendra, et il ne succombera plus sous le poids de ses langueurs et de ses épuisements. Les œuvres vigoureuses, les vertus énergiques reparaîtront devant ses frères étonnés de sa fermeté et de son audace ; la grandeur d'âme et la magnanimité reviendront ; le courage, le patriotisme se rallumeront ; l'égoïsme disparaîtra, l'indolence et la paresse seront secouées, et l'heure des grandes choses ainsi que des grands hommes aura sonné de nouveau pour le monde.

Ce n'est pas tout. En même temps qu'il infusera directement la connaissance du vrai, l'amour du bien et la force de le faire, le christianisme éloignera et combattra ces causes diverses de décadence et de dépravation qui font obstacle à la vie morale des individus et des sociétés. L'ignorance originelle sera dissipée par la propagation des bonnes doctrines et le zèle d'une charité aussi ardente que les convictions qui l'auront fait naître ; l'orgueil de l'intelligence sera combattu par le rapport de nos qualités et de nos mérites à celui de qui tout don provient, et l'inclination au mal, qui est innée dans les cœurs, par le redressement constant d'une discipline qui a tout prévu et qui veille avec un œil jaloux à ce que rien ne vienne l'accroître. Au dehors, même attention et même surveillance. Ces livres irréligieux qui font naître le doute, ces feuilles, ces écrits, ces représentations indécentes qui amorcent les passions, ces productions immondes qui dégradent le sens et la délicatesse, seront sévèrement proscrits du foyer domestique ; le luxe et la mollesse en seront bannis ; les danses, la table, les réunions de plaisir, à plus forte raison les habitudes coupables n'y seront point permises, et la tentation étant ainsi écartée, plus facile sera la persévérance et moins grand le nombre de ceux qui succombent.

A ses divers secours et à ses préservatifs de tout genre, la religion ajoutera, pour achever de vous vaincre et de vous attirer, la magnifique perspective de ses espérances et de ses faveurs. Elle vous montrera l'auréole des saints couronnant votre front au bout du combat, des splendeurs et des amours sans fin pour le moment de tribulation que vous vous serez imposé, un repos perpétuel après vos fatigues, des transports d'une interminable allégresse en échange de vos peines et de vos sacrifices ; tellement que, selon le mot d'un saint Père, si le labeur de la vie chrétienne pouvait effrayer, les récompenses qu'elle promet suffiraient pour nous y porter. *Si autem te opus turbat, erigat ipsa merces.* (S. Aug. *Serm.* 345.) Que si enfin cela même ne suffisait pas, elle ferait appel à ses châtiments et à ses sanctions. Elle montrerait le Dieu de justice sondant les reins et les cœurs au jour de ses examens suprêmes ; elle évoquerait le souvenir de cette mort à laquelle on n'échappe pas, de ce jugement où l'on ne trompera pas, de cette sentence de réprobation qui ne mentira pas, et de ces éternelles rigueurs que rien n'adoucira ni ne fera fléchir.

Voilà ce que fera le christianisme pour le salut de chacun et pour le salut de tous. L'homme ainsi élevé à toute la grandeur morale et à toute la perfection, que peuvent comporter sa nature et les priviléges dont Dieu s'est plu à l'orner, atteindra cette fin surnaturelle à laquelle il a été prédestiné, et complétera ce devenir qu'il est dans sa loi de poursuivre et de terminer. Dieu connu, aimé et servi, comme il doit l'être, se communiquera à lui par de sublimes visions et de saintes tendresses; l'homme montera jusqu'à lui, de toute la hauteur qu'il a voulu, et son œuvre achevée par le concours de son œuvre elle-même, il ne restera plus aux deux ouvriers qu'à jouir dans les célestes demeures de la gloire et du bonheur que leur aura mérités ce travail.

La fin naturelle de l'homme n'en retirera pas moins son profit. La grâce étant la perfection de la nature, et la grandeur morale ayant pour conséquence la grandeur naturelle et la prospérité d'ici-bas, l'homme chrétien trouvera dans ce principe qui l'a surnaturellement élevé à la vie de la grâce, le principe de toutes ses ascensions temporelles et de toutes ses félicités terrestres. La paix se faisant ainsi dans les âmes et l'amour renaissant dans les cœurs, on verra enfin ce mutuel support et cette fraternité qui semblent s'éloigner davantage à mesure qu'on en a plus parlé. Tous unis dans une même foi et une même espérance, on n'assistera plus à ces convulsions périodiques qui ébranlent la société et finiront par la dissoudre. Les crises et les agitations cesseront; le riche tendra la main au pauvre, le plus fort soutiendra le plus faible, le plus heureux donnera de son bonheur à son frère, et, les souffrances de ceux qui se nomment les déshérités et les prolétaires étant soulagées, les haines se calmeront et les jalousies s'effaceront peu à peu. Les peuples, débarrassés des guerres et des révoltes, reprendront leurs travaux, et l'humanité atteindra, avec son perfectionnement naturel, ce bonheur relatif qui en est sur cette terre le fruit et la récompense.

Cette influence merveilleuse du christianisme sur les destinées des hommes et des nations, les siècles antiques l'ont bien comprise. Quand l'un des plus grands chefs du monde païen, devenu par sa conversion le premier chef du monde chrétien, voulut se délivrer de la double lèpre qui affligeait son corps et son âme, il fut demander à la religion du Christ ce double bienfait, et il trouva dans le baptême et dans la pratique des préceptes chrétiens ce que les prêtres des idoles et le sang des victimes qu'on lui conseillait d'immoler ne pouvaient lui donner. Le monde qu'il commandait le suivit, et il trouva aussi dans la grâce qu'il reçut et dont il retint la vertu, les principes d'ordre et de grandeur qui avaient, comme aujourd'hui, disparu. Alors les doutes cessèrent et la vérité délivra les esprits; alors les cœurs s'épurèrent et les volontés s'enflammèrent de l'amour du bien et le réalisèrent dans des proportions qui surprennent encore ceux qui savent admirer quelque chose. Alors aussi on vit la fin des révolutions et les longues dynasties se succéder comme une féconde paternité pour le bonheur des sujets. Les trônes assis sur la justice apparurent solidement établis, et les peuples, heureux dans la subordination et dans l'obéissance, cessèrent ces guerres monstrueuses qui décimaient le monde et ces luttes fratricides qui ensanglantaient les cités. La France surtout, régénérée par sa foi et par sa soumission à l'Église, s'éleva à une incomparable hauteur dont son histoire porte les vivants témoignages. Le courage, l'héroïsme furent héréditaires dans toutes les classes, et l'ennemi ne put impunément se montrer aux frontières pour imposer des chaînes à des bras amollis. L'esprit social, fortifié par les mœurs, se maintint à la fois dans l'unité et la possession de franchises réellement efficaces. La patrie fut grande et la victoire fut fidèle à son drapeau, parce qu'elle-même fut fidèle à son Dieu.

Comme l'antiquité, qui trouva dans l'idée religieuse son salut et sa transformation, il faudra que les peuples modernes recourent à Dieu et à son Christ, s'ils ne veulent pas périr dans un inévitable naufrage. Les autres forces sont incapables de les protéger et de les défendre. Les méchants m'ont bien raconté leurs inventions et leurs fables, dit le Psalmiste, mais rien ne peut être comparé à votre loi, Seigneur : *Narraverunt mihi iniqui fabulationes, sed non ut lex tua* (Ps. cxviii, 85). Notre nation en particulier, reprenant ses anciennes traditions de fille aînée de l'Église et de la famille chrétienne, devra retrouver sa foi si elle veut recouvrer son antique splendeur. Elle a fait assez l'expérience des moyens révolutionnaires pour se convaincre de leur inanité et de leur impuissance. Les phrases creuses, les mots à effet, les déclamations des démagogues, les chants de guerre ne la sauveront pas, et pour inspirer au cœur de ses enfants le courage de S. Louis et de Jeanne d'Arc, il faut revenir au Dieu qu'ils adoraient, sinon à l'étendard qu'ils portaient. Du reste, elle n'est pas à l'aise, la France, dans cet habit de Jacobine qu'on lui a taillé, et cette torche de bacchante qu'on lui a mise à la main lui sied mal. Née d'un acte de foi sur un champ de bataille, comme on l'a si bien dit, il lui faut vivre de sa croyance et de son amour pour le Christ. C'est l'habit du croisé et du chevalier qui lui va. Son noble front est fait pour porter le signe de l'honneur et de la victoire, et non le signe ignominieux de la bête. Sans ce retour vers Dieu et vers les principes chrétiens, notre patrie est irrémédiablement perdue, et, malgré les intermittences qui pourront se produire, elle tombera d'abîme en abîme, jusqu'au jour où l'ennemi reparaissant sur son sol appauvri, et ses enfants s'entre-déchirant de nouveau dans les fureurs de l'anarchie, nous serons frappés pour la dernière fois de ces châtiments bibliques auxquels nous venons d'assister. Oui, pénitence, conversion, repentir! car j'entends déjà les prophètes répéter contre notre pays les malédictions d'autrefois : *Onus Tyri, onus Ninive, onus Babylonis!* Charge contre Tyr, charge contre Ninive, charge contre cette Babylone que rien n'a pu sauver et qu'aucun remède n'a pu guérir!

Le christianisme n'est donc pas seulement une religion, un culte, une forme de beauté morale et de perfection ; c'est encore une force sociale, la première et peut-être l'unique que nous ayons. A ce seul titre, il mériterait le respect de tous et la protection la plus vigilante, car qui oserait, dans ces temps surtout, affaiblir les forces de l'ordre et diminuer les moyens de conservation ? Et pourtant que de mépris, que de préjugés, que de répulsions ! On n'en veut plus, on le repousse, et bientôt même on ne le laissera pas en paix dans ses temples. C'est là une erreur politique autant qu'une violation des devoirs qui nous lient envers Dieu. Ne vous y méprenez pas, ô vous qui gouvernez les peuples et avez la terrible mission de les conduire à leur fin. Vous croyez vous sauver sans le christianisme, vous espérez adoucir la Révolution en lui livrant l'Église comme une proie suffisante pour vous permettre d'échapper à ses cris tumultueux. Vous vous trompez, ô princes, et vous tous qui présidez aux destinées des nations ; c'est le pays que vous livrez à l'ennemi du dedans et du dehors, en lui enlevant les seules forces capables de résister. Plus que cela, c'est votre propre maison que vous ruinez, en attaquant celle de Dieu, et votre propre sécurité qui est compromise par l'abandon des principes chrétiens. Ce peuple, que vous habituez à la désobéissance et au mépris de ce qui est saint, se lèvera contre vous.

Pour chaque vérité que vous lui aurez arrachée, il prendra une pierre pour vous la jeter à la face ; pour chacune des consolations et des espérances que vous lui aurez ravies, il incendiera un de vos édifices ; comme vous avez ruiné sa foi et ses mœurs, il ruinera à son tour vos cités et vos monuments, et du même feu que vous aurez attisé ses passions, il embrasera vos demeures et détruira vos trésors.

Non ! ce n'est pas impunément que l'on mettra l'Église hors la loi et qu'on essayera de l'abandonner ou de la proscrire. Plus encore que le batelier de Pharsale ne portait la fortune de César, elle porte la fortune du monde, et le monde croulerait le jour où, par impossible, elle cesserait d'exister. On ne peut se passer d'elle et on ira la chercher quand on l'aura congédiée, si ce n'est par affection, du moins par nécessité. La force qu'il nous faut aujourd'hui pour remonter en haut est une force morale, une force de conscience, car la conscience seule peut vraiment contenir l'homme dans la rectitude des pensées et des actes. Laissez-les faire, laissez-les s'agiter les hommes du temps et du progrès moderne, vous qui avez le bonheur de croire et de mettre en pratique ce que vous croyez. Ils seront obligés, chose étrange et pourtant très-vraie, ils seront obligés de se faire chrétiens et de recourir à l'Évangile, dans l'intérêt même de leurs vanités et de leurs plaisirs. Quand tous les autres freins seront brisés, quand toutes les autres gardes seront forcées, quand la maison où l'on rit sera elle-même attaquée, alors il faudra pousser le cri des apôtres effrayés et réveiller celui-là seul qui peut parler efficacement aux tempêtes : *Domine, salva nos, perimus* (MATTH. VIII, 25). Sauvez-nous, Seigneur, car nous périssons. Sauvez ma vie, sauvez ma propriété, sauvez ma maison, sauvez ma famille, protégez mes richesses, préservez des flammes mes titres de rentes et mes ameublements, épargnez la fortune qui me permet de jouir et de vous offenser. Il faudra qu'ils le crient, et bien fort, ces contempteurs de Dieu et ces blasphémateurs de son Christ; il faudra qu'ils invoquent l'universel Sauveur, et s'ils ne crient pas vers lui, et s'ils ne l'invoquent pas, ils ne pourront pas même se flatter de prolonger au lendemain leurs festins et leurs joies, car leur sort est prêt, tout autant que celui des gens vertueux et honnêtes, et la main de leurs propres affidés les attend.

A cela je sais bien qu'on objecte l'état actuel des populations attachées à la foi, surtout de celles qui l'ont conservée dans sa forme orthodoxe et son intégrité. Les nations catholiques, dit-on, sont en décadence et les races latines qui sont restées fidèles à l'Église romaine ne se sont pas sauvées. C'est vrai, nous ne le nions pas; mais véritablement ce sophisme doit retourner vers ceux qui nous l'envoient. N'est-ce pas précisément parce que ces nations ont cessé d'être exactes à leur religion et à ses pratiques qu'elles se sont ainsi abaissées? n'est-ce pas parce que de toute part on a déserté cette source de la vie que la mort s'est produite? Et que disons-nous tous les jours autre chose, sinon que c'est à cet abandon et à ces forfaitures que nous devons les affaiblissements progressifs qui ont fait déchoir ces nations du rang d'honneur qui leur appartint aux temps de leur docilité à Dieu et à sa loi?

Le christianisme est donc bien le salut des nations et des sociétés, comme il l'est des individus et des personnes, et il n'y a pas moyen de chercher ce salut autre part. *Et non est in alio aliquo salus* (Act. IV, 12). Mais puisque telle est sa séve et telle sa vertu, il ne faut pas qu'une hostilité coupable ou une indifférence imprudente nous empêche de profiter des moyens de sanctification qu'il nous offre; il faut accepter sa foi, son dogme et les illuminations qu'il nous donne; il faut pratiquer sa morale, observer ses commandements et ses prescriptions; il faut fréquenter ses sacrements et puiser dans leur fécondité les principes de vie qu'ils contiennent; il faut être fidèle à sa discipline, accomplir les œuvres qu'elle impose et se conformer aux formes extérieures qu'elle a établies. Avec cela nous serons sûrs d'arriver à notre perfectionnement particulier d'abord, et, en nous perfectionnant ainsi nous-mêmes, nous nous perfectionnerons comme société et comme nation, car la collection n'étant que la résultante des unités, tant vaudra l'une que l'autre aura gagné davantage.

Ce travail de retour et de conversion ne doit point du reste être fait au hasard ; il faut aller au christianisme selon la règle, c'est-à-dire, par l'Église et selon l'Église. Aujourd'hui il n'est pas rare de voir des hommes, d'ailleurs bien intentionnés, qui veulent être eux-mêmes leurs docteurs et leurs pasteurs. Ce n'est pas la voie : *Nemo venit ad Patrem, nisi per me* (Joan. xiv, 6). On ne va à Dieu qu'en suivant la route qu'il a frayée, et par Celui qu'il a envoyé. On n'y va que par ce ministère évangélique qu'il a lui-même institué, et que par cette autorité infaillible qu'il a communiquée à Pierre et qui de Pierre a passé dans ses successeurs. Qui ne marche pas selon cette lumière s'égare, et qui n'écoute pas cette parole ne profitera pas du secours.

## IV

C'est pour vous appliquer tous ces moyens de salut personnel et de rédemption sociale que le christianisme renferme, et pour les appliquer à votre pays, que sont venus au milieu de vous, N. T. C. F., les glorieux pères de votre foi, *gloriosos parentes*, qui vous ont engendrés à Jésus-Christ, et qui ont prêché parmi vous la parole sainte, *nuntiantes populis sanctissima verba* (Eccles. liv, 19). C'est pour cela que parcourut vos provinces le grand apôtre de l'Aquitaine, Martial, et que votre auguste patron, S. Amans, fixa son siège dans ces contrées à moitié idolâtres, où il enracina tellement la doctrine qui restaure et qui sauve, que rien jusqu'ici n'a pu l'ébranler. C'est pour vous rendre les mêmes services et vous procurer les mêmes bienfaits, que se sont succédé après lui cette série d'illustres pontifes qui ont occupé les Églises de Rodez et de Vabres, et qui sont plus remarquables encore par l'éclat de leurs vertus que par le lustre de leur naissance : à Rodez, les Dalmace, les Adhémar, les La Treille, les Cassan, les Castelnau, les Bernard, les Cantobre, les d'Aigrefeuille, les d'Armagnac, les Corneillan, les Paulmy, les Tourouvre, les Cicé, les Colbert, et ce bienheureux d'Estaing, qui éleva ce clocher célèbre qui domine votre ville, comme une prière permanente vers Dieu et le témoignage irrécusable des merveilles que pouvait déjà opérer votre foi ; à Vabres, les d'Olhargues, les Ventadour, les Bragose, les Narbonne, les Martignac, les Delauro, les La Valette, les Baradas, les de Castries, et les autres qui sont inscrits dans cette noble lignée. A cette œuvre de régénération et de grâce se sont encore appliqués ces grands docteurs de Sorbonne, qui semblent avoir été prédestinés d'une manière particulière au gouvernement spirituel de votre diocèse : Hardouin de Péréfixe, que sa science avait désigné pour être le précepteur du grand roi ; le pieux Abelly, dont on pouvait dire, en le voyant écrire la vie de S. Vincent de Paul, ce que disait S. Thomas quand S. Bonaventure écrivait la vie de S. François d'Assise : Laissez un saint travailler pour un autre saint; Paul de Lusignan, qui sut réparer par sa soumission à Rome l'adhésion qu'il avait eu tort de donner, dans une assemblée mémorable, à des doctrines dont la foi n'aura plus à souffrir; Le Filleul de la Chapelle, qui prolongea plus d'un demi-siècle une vie pleine de bons exemples sur le siége de Vabres, et l'orthodoxe Isaac Habert, qui fut, en même temps que la gloire de cette Église, la terreur du jansénisme et l'un des plus fermes appuis de la papauté. Ils n'ont point eu d'autre pensée non plus ces vertueux prélats qui sont venus, après les désastres de notre première révolution, relever la gloire de votre insigne Église et renouer la chaîne nterrompue de ses traditions : le respectable Ramond de la Lande, 'éloquent cardinal Giraud dont vous aimez encore à redire les paroles et à rappeler les travaux, l'aimable et spirituel Jean-François Croizier, et cet évêque vénérable entre tous, Louis-Auguste Delalle, qui vient de vous être enlevé, et dont j'ose à peine invoquer la mémoire, tant vos regrets sont encore vivants et vos yeux humides de larmes.

Ah! vous nous le pardonnerez, N. T. C. F., mais nous nous sentons ému comme vous au souvenir de ce pasteur qui, selon la parole de S. Paul, a tout dépensé et s'est dépensé lui-même : *Me impendam et superimpendar ipse* (II Cor. xii, 15), pour vous communiquer cette puissance de perfectionnement et de salut que possède le christianisme. Quel zèle pour propager parmi vous les saints enseignements de la foi ; quelle ardeur pour les défendre ; quelle préoccupation constante des intérêts spirituels de son diocèse, et quelle vigilance pour écarter du troupeau tout ce qui aurait pu lui être nuisible ! Vit-on jamais un plus sincère attachement aux saintes lois de l'Église, à sa discipline, à ses observances, à ses prescriptions, à ses prières, à sa liturgie ? Et, quelle force de sentiment et de conviction quand il vous exhortait à l'accomplissement de ces devoirs qui peuvent seuls nous redonner la grandeur intellectuelle et morale dont nous sommes déchus ? C'est bien lui qui aurait pu répéter ces autres paroles de l'Apôtre que je viens de nommer : « Vous savez comment j'ai été, depuis le premier jour que je suis arrivé dans votre pays, et comment je me suis conduit parmi vous, servant Dieu en toute humilité au milieu des larmes et des épreuves, ne vous dissimulant rien de ce qui pouvait vous être utile et vous annonçant la vérité publiquement et dans vos maisons : *Quomodo nihil subtraxerim utilius, quominus annuntiarem vobis, et docerem vos publice, et per domos.* (Act. xx, 20.)

Et cet enseignement de la foi, de la morale et de la discipline du christianisme sauveur et redempteur des peuples, il ne le tirait pas de lui-même et de ses propres vues, mais il s'étudiait à suivre en tout l'interprétation authentique de l'Église et à reproduire fidèlement la pensée de son auguste magistère. Quel amour, je dirais volontiers, quelle passion il eut pour le Saint-Siége et la défense de ses droits ! Vous le savez, vous qui avez été les témoins et les soutenants des combats qu'il livra pour sa cause. Quel respect et quelle tendresse quand il parlait du grand pontife qui l'occupe avec tant d'éclat ! Comme il compatissait aux injustices dont on l'accable et aux amertumes dont on l'abreuve ! et quelle joie pour son cœur, qui sentait déjà les approches de la mort, lorsqu'il vit les divines prérogatives du pontife romain confirmées à jamais par ce concile vénérable du Vatican, auquel il a pris une part si active et aux décisions duquel il ne fut point étranger.

Tel fut votre pasteur et votre père dans les devoirs généraux de son ministère. Pour lui, fidèle à tout ce qui est dit du maître, il s'appliqua avec une attention croissante les moyens de sanctification et d'agrandissement moral qu'il proposait aux autres : *Cœpit facere et docere* (Act. i, 1). Il mit en pratique ce qu'il enseignait, et de cette pratique sortit une âme pleinement élevée et parée de toutes les vertus que S. Paul recommande à l'évêque qui veut être vraiment digne de sa vocation. Vous garderez longtemps l'édification et le souvenir de cette vie, vous qui l'avez vu s'écouler dans tous les travaux de l'apostolat. Qui porta plus loin que ce pasteur bien-aimé la piété, la charité, la prudence, l'amour des pauvres et de ceux qui souffrent ? Qui fut plus simple et plus affable, plus assidu à la prière et au soin des âmes ? qui montra plus de désintéressement, de sobriété, d'humilité, de justice ? Fut-il quelqu'un qui témoignât plus d'affection et de respect à ses prêtres ? fut-il un cœur qui chérît plus ardemment que le sien ses fidèles, et pourrait-on citer un évêque qui justifiât mieux que lui ces sentiments d'estime et de vénération dont vous l'avez entouré ?

Nous sommes bien faible, N. T. C. F., et bien dénué de mérites pour venir relever de tels hommes et porter le poids d'une pareille succession. Néanmoins, ce qu'ils ont fait, nous voudrions le faire et le continuer. Comme eux, nous voudrions vous faire comprendre que la pratique chrétienne est le grand moyen de salut des hommes et des sociétés. Comme eux, nous nous appliquerons à faire revivre les enseignements de cette foi qui doit nous régénérer, et à la défendre, sinon avec leur talent, du moins avec leur résolution et leur dévouement. A leur suite et à leur exemple, nous essayerons de reproduire dans notre personne quelques-unes de ces œuvres de sanctification et d'accroissement que nous recommandons aux autres. *In omnibus teipsum præbe exemplum bonorum operum* (Tit. ii, 7). Sur toutes choses, nous nous montrerons attaché à l'Église et à son infaillible Chef ; ce Chef admirable qui la gouverne avec tant de sérénité, au milieu des orages, ce pontife et ce roi qui étonne le monde et en qui tout semble déjà merveilleux, les gloires, les épreuves, les tribulations, les priviléges, et jusqu'à ces années si vaillamment portées, qui paraissent ne devoir point finir tant que l'heure du triomphe et de la réparation ne sera pas venue.

Pour accomplir tous ces desseins, nous sommes, comme nous venons de le dire, bien insuffisant et bien au-dessous de ce qu'il faudrait être; mais nous mettons notre confiance, d'abord en la parole de celui qui nous envoie et qui ne dédaigne pas la faiblesse des instruments pour arriver à ses fins. Nous la plaçons ensuite dans la coopération de notre chapitre et de ce généreux clergé du Rouergne, dont la réputation égale le mérite; dans le zèle de ces familles religieuses, dont les plus illustres sont noblement représentées parmi vous; dans la ferveur de nos communautés diocésaines si nombreuses et si florissantes; dans le concours des magistrats du département et de la cité; dans la connaissance que nous avons de la docilité de nos fidèles et de l'affection traditionnelle que vous portez à vos pasteurs, et enfin dans la protection du sacré Cœur de Jésus, de la Vierge Marie et du glorieux S. Joseph, sous la protection desquels nous mettons notre épiscopat et notre vie, et que nous vous conjurons d'appeler à notre aide et à notre secours.

Ce n'est pas d'ailleurs sans raison que nous vous tenons ce langage, et que nous comptons sur votre fidélité et sur votre appui. Vous n'êtes pas en effet, N. T. C. F., des inconnus pour nous, et comme le disciple bien-aimé, devenu le voyant de Pathmos, l'écrivait à l'évêque de Thyatire, nous pouvons dire en toute vérité : *Novi opera tua, et fidem, et charitatem tuam, et ministerium, et patientiam tuam, et opera tua novissima plura prioribus* (Apoc. II, 19). Je sais quels sont vos travaux, votre foi, votre charité, votre application aux choses saintes, votre patience et vos dernières œuvres qui ont surpassé encore les anciennes. Né près de vous, dans des conditions de famille et d'éducation qui sont celles de la plupart d'entre vous, parlant votre idiome populaire, ayant vos mœurs et vos habitudes, nous vous connaissons, nous savons qui vous êtes, ce que vaut votre pays et ce que vous valez vous-mêmes.

Nous n'ignorons pas que vous possédez des prêtres austères et graves, formés à une vie studieuse, mortifiée, laborieuse, et donnant en tout l'exemple de ces mâles vertus qu'ils ont prises au sein de ces familles chrétiennes, dont vous possédez un si grand nombre, et où le sacerdoce est encore en honneur. Nous savons que votre terre est une terre féconde, et que de vos robustes montagnes sortent des âmes plus robustes encore, qui vont porter aux divers points du monde les grands exemples et les grands dévouements. Nous avons observé, comme tous les autres, ce redoublement de vigueur qui, dans ce dernier siècle surtout, a fait sortir de vos flancs toute une génération sacerdotale d'hommes illustres ou recommandables, qui ont honoré la France et acquis un grand renom à votre province : les Gualy, les Morlhon, les Neyrac, les de Bonald, les Saunhac, les de Vésins, les Clausel, les Boyer, les Carrière, les Sambucy, les Affre, les Frayssinous, et d'autres, que nous oublions sans doute, ou qui sont encore vivants, et que leur modestie ne nous permettrait pas de nommer. L'histoire, et plus encore le voisinage des lieux, nous a appris que de grands écrivains, de grands magistrats, de grands philosophes se sont élevés au milieu de vous, et nous savons que d'autres, marchant sur leurs traces, s'efforcent de faire revivre et de continuer la glorieuse tradition de tous ces mérites et de toutes ces gloires. Au besoin, si nous n'avions pas cette connaissance, vos pierres et vos monuments parleraient. Ces églises, ces vieux châteaux, ces tours qui bravent les ans, ces noms de vos villages, qui ont presque tous donné leur blason a quelque noble famille, nous diraient ce que furent vos pères, leur courage et leur foi; sans compter ces abbayes célèbres dont nous voudrions voir relever les murs et refleurir l'antique piété : Conques, Aubrac, Nonnenque, Sylvanès, Bonneval, Locdieu, Saint-Cernin, Belmont, Nant, Bonnecombe, et mille autres souvenirs qu'il serait trop long d'évoquer. Nous savons tout cela, N. T. C. F., et c'est plus qu'il n'en faut pour nous donner confiance et nous faire bien augurer de l'avenir. Mettons-nous donc à l'œuvre, avec le secours de Dieu et le vôtre. Désormais nous vous appartenons tout entier : votre pays est notre pays, vos peines seront nos peines, vos besoins seront nos besoins, votre église notre église, et après avoir été notre joie et notre couronne, elle sera aussi notre tombe et le lieu de notre dernier repos. *Hæc requies mea in sæculum sæculi; hic habitabo, quoniam elegi eam* (Ps. cxxxi, 14). Comme à l'époux, cependant, qui va quitter la maison où il a passé sa jeunesse, pour aller trouver la fiancée qui lui a été choisie par la volonté de son père, permettez-nous de nous retourner une dernière fois vers ceux que nous avons aimés et auxquels nous attachent les liens de la reconnaissance, et d'offrir nos remercîments et nos vœux à cette Église de Paris, qui nous accueillit aux débuts de notre carrière sacerdotale comme une mère tendre et affectueuse; au clergé de cette illustre métropole qui vient de rendre à sa foi un si éclatant témoignage, et au sein duquel vous comptez tant de frères et où nous laissons tant d'amis; à ce pasteur vénérable, qui fut notre père et notre maître, et qui est venu avec tant d'abnégation se mettre à la tête de cette Église sans cesse arrosée du sang de ses pontifes; à cette Sorbonne, si grande autrefois, et qui a su montrer en nos jours que son ancienne fécondité ne l'avait point épuisée; à tous ceux, enfin, qui ont entouré notre vie de leur affection et de leurs bontés, ou qui nous ont déjà précédé devant Dieu pour nous servir de patrons et d'intercesseurs. Et maintenant, que le Seigneur bénisse notre ministère; qu'il verse sur nous la plénitude de l'esprit que nous devons porter aux autres; qu'il nous rende digne de lui et de vous, et qu'il daigne alléger, par l'effusion de sa grâce, le poids bien lourd des responsabilités que nous avons acceptées.

A ces causes, le saint nom de Dieu invoqué, nous avons ordonné et ordonnons ce qui suit :

### Article premier.

Le dimanche qui suivra la réception de la présente lettre pastorale, on chantera dans toutes les églises et chapelles de notre diocèse, l'hymne

*Veni Creator* et l'antienne *Sub tuum præsidium*, avec les versets et oraisons correspondants.

Ce même dimanche, à l'issue des vêpres, ou après les exercices du soir, on chantera l'*Ave maris stella*, l'antienne du Patron du diocèse, et l'on donnera la bénédiction solennelle du Saint-Sacrement.

### Art. 2.

Pendant neuf jours, à dater de la lecture de la présente ordonnance, tous les prêtres ajouteront aux oraisons de la messe les collecte, secrète et postcommunion *de Spiritu Sancto*.

### Art. 3.

Les prêtres continueront de réciter à toutes les messes, quand le degré de l'office le permettra, les oraisons pour notre Saint-Père le Pape.

### Art. 4.

Un service solennel de *Requiem*, auquel nous convions spécialement la population de notre ville épiscopale et les prêtres qui y seraient présents, sera célébré, le lendemain de notre installation, dans notre cathédrale, à l'intention de tous les anciens évêques de Rodez et de Vabres, de tous les prêtres de ces deux Églises déjà décédés, de tous les fidèles défunts de notre diocèse, et en particulier pour le repos de l'âme de Mgr Louis-Auguste Delalle, de bonne mémoire, notre prédécesseur immédiat.

### Art. 5.

Nous recommandons instamment à la générosité de nos bien-aimés diocésains l'œuvre du Denier de Saint-Pierre, que les inqualifiables spoliations des ennemis du Saint-Siége et la sacrilége occupation de la ville de Rome rendent plus que jamais nécessaire, pour subvenir aux nécessités et aux charges du Souverain Pontife. Nous vous recommandons aussi les autres œuvres de charité et de zèle qui ont reçu l'approbation canonique, et qui sont établies parmi vous, telles que l'œuvre de la Propagation de la foi, la plus excellente de toutes, l'œuvre de la Sainte-Enfance, des Écoles d'Orient, de Saint-François de Sales et de l'Adoption des enfants orphelins.

### Art. 6.

Nous supplions très-instamment les fidèles, et les religieux et religieuses vivant en communauté, de ne pas nous oublier dans leurs oraisons et saints sacrifices, et de faire à notre intention des prières et une ou plusieurs communions.

### Art. 7.

Nous maintenons, dans la même forme et teneur, les pouvoirs de juridiction ordinaires accordés aux prêtres de notre diocèse par notre vénérable prédécesseur et par l'administration capitulaire. Les pouvoirs extraordinaires, faveurs ou priviléges devront être révisés par nous, dans l'espace de six mois.

### Art. 8.

Et sera notre présente lettre pastorale, avec le mandement qui la suit, lue et publiée dans toutes les églises et chapelles de notre diocèse, le dimanche qui en suivra la réception.

Donné à Paris, sous notre seing, le sceau de nos armes et le contre-seing du secrétaire général de notre évêché, le jour de notre sacre, 30 novembre 1871, fête de saint André, apôtre et martyr.

† ERNEST, *évêque de Rodez.*

Par Mandement de Monseigneur :

BOUSQUET, *chanoine honoraire, secrétaire général.*

www.ingramcontent.com/pod-product-compliance
Lightning Source LLC
Chambersburg PA
CBHW060523050426
42451CB00009B/1140